LA DÉMOCRATIE

APPLIQUÉE

AUX LOIS FINANCIERES,

SYSTÈME POUVANT SERVIR AU

développement du crédit public

ET

DE L'INDUSTRIE PRIVÉE,

Par Amédée LACOMBE.

« Comme celui qui a l'argent est le maître
» de l'autre, le traitant se rend despotique
» sur le prince même; il n'est pas législateur,
» mais il le force à donner des lois. »
(MONTESQUIEU. — *Esprit des Lois,*
Liv. XIII, ch. XIX.)

BORDEAUX,

Imprimerie des Ouvriers-Associés, rue du Parlement-Sainte-Catherine, 19.
(*Métreau, titulaire.*)

—

1849

AVANT-PROPOS.

> On me demandera si je suis un prince ou
> un législateur, pour écrire sur la politique;
> je réponds que non.
> (J.-J. Rousseau. — *Contrat social.*)

Dans un moment de crise financière comme celui qui existe depuis le 24 février 1848, je crois qu'il est du devoir de chaque citoyen de payer son tribut d'idées au pays, dans le but de faire cesser l'état anormal qui nous domine.

Encouragé par ce motif, nous avons essayé d'esquisser un système financier pour régulariser cet état défectueux.

Le mode financier que nous présentons est *l'ino-culation de la démocratie dans les finances,* attendu qu'il a pour but de rendre la circulation du numéraire plus facile, et de déterminer ceux qui le possèdent à ne pas en être les *monopoleurs,* c'est-à-dire en laissant circuler plus facilement les espèces, dont le bien-être général doit être la conséquence.

Par le système que nous indiquons, nous croyons avoir trouvé l'énigme de l'organisation du travail dans toutes les classes de la société, dès l'instant que l'agriculture y trouvera son avantage, l'industrie un nouvel élément de prospérité, et le commerce l'assurance de la réalisation de bénéfices certains.

C'est ce que le public saura apprécier.

LA DÉMOCRATIE

APPLIQUÉE

AUX LOIS FINANCIÈRES,

SYSTÈME POUVANT SERVIR AU DÉVELOPPEMENT

du crédit public et de l'industrie privée.

—➤◦✦◦◦←—

CHAPITRE PREMIER.

Système général.

> « Comme celui qui a l'argent est le maître
> » de l'autre, le traitant se rend despotique
> » sur le prince même ; il n'est pas législa-
> » teur, mais il le force à donner des lois. »
>
> (MONTESQUIEU. — *Esprit des Lois*,
> Liv. XIII, ch. XIX.)

Dans les différentes phases des gouvernements qui ont surgi en France depuis 1789, l'état des finances a été souvent compromis gravement. L'opération du tiers consolidé, le discrédit des assignats immédiatement après leur émission, le peu de confiance qu'inspiraient nos fonds publics pendant une longue suite d'années, que le génie seul de Napoléon sut relever, en mettant l'ordre où il n'y avait que désordre, sont autant de motifs qui démontrent qu'un vice capital était inhérent aux plans financiers adoptés jusqu'alors.

Si, à cette époque de crise, on eût eu l'idée de vouloir liquider les dettes de l'État par annuité, et que le taux de cette annuité eût été calculé sur la valeur du capital même, quelle qu'eût été la profondeur de l'abîme, il aurait été facile encore d'en sonder le gouffre et d'éviter le bouleversement de nos finances, dont nous avons été et dont nous sommes à la fois les témoins et les victimes.

En effet, que demande le capitaliste? C'est d'être assuré que son argent ne sera pas perdu et lui rapportera un intérêt convenable. Quel est le but du Gouvernement? C'est de faire face à ses engagements, non en éventualité, mais en réalité. En garantissant donc aux bailleurs de fonds un intérêt de....., représentant une valeur qui sera toujours en équilibre *avec le revenu que donne la propriété foncière,* * et en payant par annuité, pendant un temps moral, la valeur du capital dû ou emprunté, cette double garantie ferait affluer l'argent dans les caisses de l'État, que les éventualités de la guerre ne pourraient compromettre. Les créanciers de l'État ayant un portefeuille des valeurs réelles qui, par leur nature, ont une tendance perpétuelle de *hausse*, seraient en sécurité, le crédit n'en serait que mieux établi. Ce système ferait disparaître ces joueurs sur la *hausse* et sur la *baisse*, jeu funeste qui compromet la fortune publique et les fortunes privées.

Jusqu'à ce jour, les hommes d'État qui ont combiné des plans financiers ont demandé au crédit le capital dont ils avaient besoin pour mettre en équilibre la recette avec la dépense. La négociation s'en est presque toujours faite au-dessous du *pair* et au détriment du Trésor; les bailleurs de fonds, voulant réaliser d'énormes bénéfices, font la loi eux-mêmes au Gouvernement, qui se soumet à leurs exigences. C'est une faute ou une erreur de calcul de payer toujours et de ne se liquider jamais; il serait bien plus judicieux de demander à l'impôt une somme de....., temporairement, qui liquiderait après un certain laps de temps la somme empruntée. L'État garantissant par l'impôt un intérêt de....., et créant en même temps un fonds d'amortissement, toutes les négociations se réaliseraient au *pair;* car ce sont les intérêts d'une somme qui indiquent la valeur d'une propriété mobilière ou immobilière.

Nous allons traduire en chiffres la théorie que nous venons d'esquisser.

---

* Lorsque le crédit de l'État n'est pas entier, c'est une nouvelle raison pour chercher à former un fonds d'amortissement, parce que ce fonds, une fois établi, rend bientôt la confiance.

(MONTESQUIEU. — *Esprit des Lois.*)

CHAPITRE DEUXIÈME.

Liquidation de l'emprunt de 250,000,000.

M. le Ministre des finances a demandé aux Chambres législatives l'autorisation de contracter un emprunt de 250,000,000 de francs. *

Ce capital a été négocié au prix de 75 fr. 25 c. pour 3 fr. de rente, et l'intégrité de l'emprunt payable par vingt-cinquième.

Nous allons démontrer que cette négociation pouvait s'effectuer d'une manière moins onéreuse.

Avec la facilité et l'avantage donnés par le Gouvernement de n'exiger qu'une fraction du capital tous les mois, l'emprunt pouvait se négocier au *pair*. Le banquier, bailleur de fonds, bénéficiant de l'escompte de l'argent qu'il doit verser et qu'il tient encore dans sa caisse, réalise deux bénéfices à la fois.

En adoptant le système que nous allons indiquer, aucun des inconvénients que nous venons de signaler ne se serait manifesté.

La somme de 250,000,000 de francs empruntée par l'État paiera un intérêt de 3 pour 100, ou.......... 7,500,000 fr.

Pour éteindre ce capital après un certain laps de temps, il est indispensable de créer un fonds d'amortissement de 2 pour 100..... 5,000,000

—————————

12,500,000 fr.**

Il sera accordé au Ministre des finances un crédit au budget pour acquitter cette somme.

En évaluant à 500 fr. les actions à émettre pour obtenir le remboursement de la somme de 250,000,000 de francs, il faudra en créer cinq cent mille, qui représenteront la valeur de l'emprunt.

Chaque action rapportera un dividende de 15 fr.

---

* Loi du 10 novembre 1847.
** L'opération coûte au Trésor 13,333,333 fr. 1/3. — Loi du 10 novembre 1847. — La différence en faveur de notre système est de 833,333 fr.

Il serait établi cinquante séries de dix mille actions qui serviraient à éteindre intégralement un capital égal tous les ans de 5,000,000 de francs.

Les cinquante numéros des séries seraient mis dans une urne; chaque année, il en serait sorti un au hasard, qui serait suivi de dix mille actions représentant la valeur de 5,000,000 d'amortissement.

Les cinquante séries ne porteraient point de millésimes; elles seraient cotées de 1 à 50.

Sur la masse des cinq cent mille actions, il en serait prélevé, comme nous l'avons dit, dix mille ou le cinquantième par année, que le fonds d'amortissement acquitterait, et ainsi successivement jusqu'à l'épuisement total du nombre des séries; à cette époque, le Gouvernement serait dégagé de toute charge et l'emprunt serait remboursé intégralement, capital et intérêts.

Cinquante séries de cinq millions d'actions sont égales à 250 millions de francs.

En admettant cette combinaison, les bailleurs de fonds jouiraient de 5 pour 100 de leurs capitaux.

3 pour 100, montant du prix de l'intérêt.
2 pour 100, valeur de l'amortissement.

5 pour 100, intérêt légal.

Les actions représentant ces valeurs augmenteraient chaque année dans la même proportion que suivrait le paiement de l'intérêt de l'amortissement. Ce système, appliqué à nos lois financières, éviterait ces crises fâcheuses qui sont si désastreuses pour les États et pour les citoyens.

Les capitalistes, assurés de retirer 5 pour 100 de leurs capitaux (qui serait l'intérêt le plus bas dont ils jouiraient et qui serait invariable), viendraient en masse demander à participer à ce nouvel emprunt en échange de leur numéraire, que la crainte a fait resserrer et que la confiance remettrait bientôt en circulation. — Si le Gouvernement, qui vient de se laisser faillir, eût employé ce système, il aurait obtenu et réalisé immédiatement au *pair* toutes les sommes dont il aurait eu besoin, comme le Gouvernement républicain issu de la révolution de Février pourrait également réaliser au *pair* les emprunts qui vont lui devenir indispensables en présence du déficit énorme qui est en perspective. *

Ce principe admis, les plus vastes combinaisons financières peuvent s'en déduire et deviennent réalisables, soit qu'il s'agisse de terminer la canalisation générale de la France, soit qu'il s'agisse de mettre en exécution la vaste entreprise non moins utile des chemins de fer dont on pourrait doter la France, soit enfin d'obtenir la liquidation de la dette publique, combinaison qui n'a pas encore été tentée par personne. **

Les chemins de fer pourraient également répandre leur influence salutaire en sillonnant toute la France. *** Si on envisage la question des canaux, dont la majeure partie restent inachevés ou en état de projet, on pourrait déterminer l'époque où ils seraient rendus tous navigables, et la liquidation générale devenir une certitude.

Les canaux, malgré la législation embrouillée qui la dirige, pourraient se réaliser plus facilement qu'on ne pense, en employant une portion de leur revenu en amortissement du capital employé à leur confection.

Les chemins de fer pourraient également recevoir leur application générale en prélevant une certaine somme sur les produits nets, et en l'appliquant à l'amortissement du capital employé à leur confection.

Et enfin la liquidation générale pourrait s'effectuer en utilisant les capitaux que bénéficieraient les canaux et les chemins de fer, déduction faite des charges qui leur sont imposées. Ce système, bien compris, serait un bienfait pour la société ; il amènerait, je dirai mieux, il provoquerait la destruction de l'agio.

Nous allons procéder à l'application de la liquidation de l'emprunt de 250,000,000 de francs, conformément au système plus haut indiqué.

---

* Le déficit s'élève, pour l'année, à 314,336,061 fr. (Budget rectifié de 1848.)

** La dette de l'État est de 6 milliards. 120 millions, pendant cinquante ans, liquideraient cette somme. Le produit des chemins de fer et des canaux serait plus que suffisant. (*Voyez le projet sur l'organisation générale des chemins de fer ci-joint.*)

*** Voyez le développement de ce projet ci-annexé.

Liquidation de l'Emprunt de 250,000,000 de francs.

INTÉRÊT DU CAPITAL ET DE L'ANNUITÉ RÉUNIS, 5 P. 100.

> « Il ne suffit pas de réduire l'intérêt , il faut que le bénéfice de la
> » réduction forme un fonds d'amortissement pour payer chaque
> » année une partie des capitaux. »
> (MONTESQUIEU. — *Esprit des Lois.*)

1ʳᵉ SÉRIE. — 1/50ᵉ égal à 10,000 actions de 500ᶠ Int. à 3 p. %⁰ 15ᶠ Cap. 250,000,000ᶠ
— 2 p. %⁰ 10   5,000,000 AMORTIS.

500ᶠ Int. à 5 p. %⁰ 25   Cap. 245,000,000ᶠ
2ᵉ SÉRIE. — 2/50ᵉ égal à 10,000 actions de 500ᶠ Int. à 3 p. %⁰ 15ᶠ
— 2 p. %⁰ 10   5,000,000 AMORTIS.

500ᶠ Int. à 5 p. %⁰ 25   Cap. 250,000,000ᶠ
3ᵉ SÉRIE. — 3/50ᵉ égal à 10,000 actions de 500ᶠ Int. à 3 p. %⁰/ 15ᶠ
— 2 p. %⁰ 10   5,000,000 AMORTIS.

500ᶠ Int. à 5 p. %⁰ 25   Cap. 235,000,000ᶠ
4ᵉ SÉRIE. — 4/50ᵉ égal à 10,000 actions de 500ᶠ Int. à 3 p. %⁰ 15ᶠ
— 2 p. %⁰ 10   5,000,000 AMORTIS.

500ᶠ Int. à 5 p. %⁰ 25   Cap. 230,000,000ᶠ
5ᵉ SÉRIE. — 5/50ᵉ égal à 10,000 actions de 500ᶠ Int. à 3 p. %⁰ 15ᶠ
— 2 p. %⁰ 10   5,000,000 AMORTIS.

500ᶠ Int. à 5 p. %⁰ 25   Cap. 225,000,000ᶠ
6ᵉ SÉRIE. — 6/50ᵉ égal à 10,000 actions de 500ᶠ Int. à 3 p. %⁰ 15ᶠ
— 2 p. %⁰ 10   5,000,000 AMORTIS.

500ᶠ Int. à 5 p. %ᵤ 25   Cap. 220,000,000ᶠ
7ᵉ SÉRIE. — 7/50ᵉ égal à 10,000 actions de 500ᶠ Int. à 3 p. %ᵤ 15ᶠ
— 2 p. %ᵤ 10   5,000,000 AMORTIS.

500ᶠ Int. à 5 p. %⁰ 25   Cap. 215,000,000
8ᵉ SÉRIE. — 8/50ᵉ égal à 10,000 actions de 500ᶠ Int. à 3 p. %⁰ 15ᶠ
— 2 p. %⁰ 10   5,000,000 AMORTIS.

500ᶠ Int. à 5 p. %⁰ 25   Cap. 210,000,000ᶠ
9ᵉ SÉRIE. — 9/50ᵉ égal à 10,000 actions de 500 Int. à 3 p. %⁰ 15ᶠ
— 2 p. %⁰ 10   5,000,000 AMORTIS.

500 Int. à 5 p. %⁰ 25   Cap. 205,000,000ᶠ
10ᵉ SÉRIE. — 10/50ᵉ égal à 10,000 actions de 500 Int. à 3 p. %⁰ 15ᶠ
— 2 p. %⁰ 10   5,000,000 AMORTIS.

500 Int. à 5 p. %⁰ 25ᶠ Cap. 200,000,000

Intérêt de l'annuité à 2 p. 100.

1ᵣₑ SÉRIE. — 1/50ᵉ égal à 10,000 actions de 500 fr. paie 2 p. %, du capital pour former le revenu de l'amortissement.

2ᵉ SÉRIE. — 2/50ᵉ égal à 10,000 actions de 500 fr. La seconde annuité aura augmenté de la valeur de 1/50ᵉ, qui, ajouté au capital, représente.. .... 510 fr.

3ᵉ SÉRIE. — 3/50ᵉ égal à 10,000 actions de 500 fr. La troisième annuité aura augmenté dans la même proportion, ou de 2/50ᵉ...................... 520

4ᵉ SÉRIE. — 4/50ᵉ égal à 10,000 actions de 500 fr. La quatrième annuité aura augmenté de 3/50ᵉ................... 530

5ᵉ SÉRIE. — 5/50ᵉ égal à 10,000 actions de 500 fr. La cinquième annuité aura augmenté de 4/50ᵉ................... 540

6ᵉ SÉRIE. — 6/50ᵉ égal à 10,000 actions de 500 fr. La sixième annuité aura augmenté de 5/50ᵉ................... 550

7ᵉ SÉRIE. — 7/50ᵉ égal à 10,000 actions de 500 fr. La septième annuité aura augmenté de 6/50ᵉ................... 560

8ᵉ SÉRIE. — 8/50ᵉ égal à 10,000 actions de 500 fr. La huitième annuité aura augmenté de 7/50ᵉ................... 570

9ᵉ SÉRIE. — 9/50ᵉ égal à 10,000 actions de 500 fr. La neuvième annuité aura augmenté de 8/50ᵉ................... 580

10ᵉ SÉRIE. — 10/50ᵉ égal à 10,000 actions de 500 fr. La dixième annuité aura augmenté de 9/50ᵉ................... 590

11ᵉ SÉRIE. — 11/50ᵉ égal à 10,000 actions de 500 fr. La onzième annuité aura augmenté de 10/50ᵉ................... 600

5,500 fr. Capital.

Celui qui aurait placé sur l'État 5,500 fr., représentant onze actions, prélèverait la somme de.. 5,775 fr.

Somme égale à celle de.................... 5,500 fr.
Plus l'intérêt du capital à 3 p. %....... 165
Plus la valeur de l'amortisᵗ à 2 p. %.... 110

5,775 fr.   5,775 fr.

On voit, par cette combinaison arithmétique, que chaque action de 500 fr. augmentera de la somme de 10 fr. ou d'un cinquantième par année, de telle sorte que tout possesseur d'actions ne peut craindre de faire aucune perte.

En supposant qu'on voulût liquider les actions dont on est porteur, on trouverait toujours à les vendre au *pair,* plus la bonification d'un cinquantième par action.

Chaque preneur a intérêt à garder en portefeuille des valeurs qui sont réelles et qui, dès le lendemain de l'achat, gagnent une prime que les fonds constitutifs lui donnent et qu'on peut réaliser immédiatement.

Vendeurs et acheteurs ont donc un intérêt égal à vendre ou à garder des fonds qui ont une progression continue de hausse.

Le crédit peut donc se servir de ce système financier pour se procurer des capitaux à un taux d'intérêt qui ne serait pas onéreux pour le Trésor, et les capitalistes auraient intérêt à venir en aide au Gouvernement qui leur offre toute garantie, sans que ceux-ci aient à redouter aucune perte, *la cause immédiate du crédit étant l'opinion conçue par le préteur de l'assurance du paiement.*

Une amélioration financière qui n'a pas encore préoccupé les esprits en province, et qui vient en auxiliaire au système que nous venons de développer, serait la création par l'État d'une caisse spéciale au capital de....., qui serait réparti dans chaque recette générale pour créer des *Bons du Trésor,* affectés spécialement pour l'utilité du département, de telle sorte que Paris ne serait pas la seule ville qui jouirait de ce privilège. Cette mesure bienfaitrice attirerait le numéraire des gros et des petits capitalistes dans les caisses de l'État. Chaque localité trouverait, pour le délai qu'il voudrait, un placement immédiat et sans retard, facile et commode de son surcroît d'argent, ce qui faciliterait les transactions commerciales en augmentant sur la place la masse des capitaux qui, fractionnés, restent improductifs, la plupart du temps, entre les mains de ceux qui les possèdent ; ils seraient alors utilisés avantageusement et répandraient une nouvelle aisance dans toutes les localités ; l'abondance de l'argent se manifesterait partout, le taux de l'intérêt diminuerait. Le Gouvernement, nanti de numéraire suffisant, serait libre dans ses mouvements ; il pourrait ainsi devenir l'entrepreneur général de ces vastes entreprises reconnues utiles à la prospérité des nations, et qui sont ajournées faute de capitaux suffisants.

C'est par la grande circulation des espèces que la prospérité peut renaître. Employer tous les moyens pour parvenir à obtenir ce résultat doit être ou devrait être la préoccupation la plus urgente de nos hommes d'État, car, si dans l'époque où nous vivons, le capitaliste est considéré (peut-être à juste titre), comme un ennemi avec lequel on est forcé de composer, l'agriculture, l'industrie et le commerce, sont obligés de capituler contre ses exigeances ; en pressurant ces trois mamelles de l'État, ils finissent par en tarir la source. Les affaires sont nulles précisément parce que le haut tarif de l'argent absorbe tous les bénéfices. Le taux de l'argent réduit à 3 pour 100, l'aspect des choses change, le petit commerce se développe en trouvant de l'argent à un taux modéré ; il le fait prospérer en ses mains, paie mieux ses engagements ; le manufacturier trouve les moyens de faire travailler un plus grand nombre d'ouvriers, et le commerce devient plus florissant. Il est vrai que l'argent ne produira que 3 pour 100, mais il n'y aura pas de chômage. Une source qui coule toujours, quelque petite qu'elle soit, procure plus de bien dans le champ où elle circule, qu'un torrent qui ravage tout sur son passage, quoiqu'il fertilise de loin en loin quelques vallées..

TABLE

SERVANT A FAIRE CONNAÎTRE D'UN SEUL COUP-D'OEIL LA VALEUR
D'UNE ACTION DE 500 FR. EN CAPITAL,

Produisant.. 3 p. %

D'intérêt cumulé avec l'intérêt de l'amortissement, à....... 2 p. %

Négociable à la volonté de l'actionnaire........................ 5 p. %

SÉRIES.	Capital.	INTÉRÊT à 3 p. %	INTÉRÊT à 2 p. %	INTÉRÊT DU CAPITAL. Annuités d'une action de 500 fr. calculée à 5 p. 100 pour 1 jour.		
1/50ᵉ	500	15	10	525	1 jour.	0,07 c.
2/50ᵉ	500	15	10	550	2 jours.	0,14
3/50ᵉ	500	15	10	575	3 jours.	0,21
4/50ᵉ	500	15	10	600	4 jours.	0,28
5/50ᵉ	500	15	10	625	5 jours.	0,35
6/50ᵉ	500	15	10	650	6 jours.	0,42
7/50ᵉ	500	15	10	675	7 jours.	0,49
8/50ᵉ	500	15	10	700	8 jours.	0,56
9/50ᵉ	500	15	10	725	9 jours.	0,63
10/50ᵉ	500	15	10	750	10 jours.	0,70
11/50ᵉ	500	15	10	775	11 jours.	0,77
12/50ᵉ	500	15	10	800	12 jours.	0,84
13/50ᵉ	500	15	10	825	13 jours.	0,91
14/50ᵉ	500	15	10	850	14 jours.	0,98
15/50ᵉ	500	15	10	875	15 jours.	1,05
16/50ᵉ	500	15	10	900	16 jours.	1,12
17/50ᵉ	500	15	10	925	17 jours.	1,19
18/50ᵉ	500	15	10	950	18 jours.	1,26
19/50ᵉ	500	15	10	975	19 jours.	1,33
20/50ᵉ	500	15	10	1,000	20 jours.	1,40
21/50ᵉ	500	15	10	1,025	21 jours.	1,47
22/50ᵉ	500	15	10	1,050	22 jours.	1,54
23/50ᵉ	500	15	10	1,075	23 jours.	1,61
24/50ᵉ	500	15	10	1,100	24 jours.	1,68
25/50ᵉ	500	15	10	1,125	25 jours.	1,75
					26 jours.	1,82
					27 jours.	1,89
		375	250		28 jours.	1,94
		625			29 jours.	2,01
					30 jours.	2,08

D'après cette table, nous voyons que le capitaliste qui sera
nanti d'une action de 500 fr. aura un avantage certain de gar-

der en portefeuille cette valeur qui ne diminue jamais de prix, une progression croissante lui assurant un bénéfice réel.

EXEMPLE.

Je suppose être possesseur d'une action qui se trouve dans la dixième série ; néanmoins, après huit années, je veux réaliser.

J'ai reçu pendant huit ans l'intérêt de mon argent à 3 pour 100, ou.. 120 fr.

J'ai reçu également pendant le même temps un in-térêt à 2 pour 100, ou................................. 80

A ces deux sommes on doit ajouter le capital pri-mitif... 500

Valeur réelle de l'action.... 700 fr.

Le nouveau propriétaire de la somme que représentent huit annuités la gardera en portefeuille pendant un temps plus ou moins long. Admettons qu'il veuille s'en servir pour faire un paiement au bout de six mois, il vendra son titre pour la somme de..................................... 700 fr. » c.

Plus la valeur de l'intérêt et de l'amortisse-ment cumulé, montant à la moitié de 25 fr.... 12 50

Montant du capital et de l'intérêt d'une ac-tion au bout de huit ans et six mois........... 712 fr. 50 c.

Ces actions pourraient se transmettre ainsi de la main à la main avec d'autant plus d'avantage, que leur valeur augmente de jour en jour, ce qui devrait les faire rechercher préférable-ment à toute autre, même à des billets de banque, puisque ceux-ci ne valent que leur valeur nominale, tandis que les ac-tions que nous avons créées par notre système ont acquis dès le lendemain une valeur plus considérable que celle de la veille.

Le seul moyen d'amener l'extinction de l'usure*, c'est de mettre en *équilibre le revenu net de la propriété foncière avec l'intérêt de l'argent* **, car, si le capitaliste sait que l'argent ne lui rapportera pas un intérêt plus élevé que les biens-fonds, il n'aura pas plus d'avantage d'être capitaliste que propriétaire.

---

* Quelqu'un demandait un jour à Caton l'ancien ce que c'était que de faire l'usure ; il ne lui répondit pas autrement qu'en lui demandant à son tour ce que c'était que de tuer un homme.   (*Economie rurale de Caton.*)

** Tous les moyens de favoriser la population et l'agriculture sont violents ou inutiles, excepté celui qui prendra sa force dans l'intérêt même du propriétaire des fonds.   (HUME.)

100,000 fr. lui rapporteront, à 3 pour 100, 3,000 fr. de rente, de même que 100,000 fr. en biens-fonds lui rapporteront le même revenu.

Si le capitaliste a à redouter les faillites, le propriétaire a également à redouter les intempéries des saisons et les fléaux de la nature, comme les grêles, les gelées, les inondations, les incendies et les banqueroutes, etc., qui sont pour lui autant de faillites, ce qui rend les chances égales. Dire qu'au propriétaire il lui reste toujours son fonds, n'est pas une raison toujours vraie; car, si la grêle m'a enlevé mes récoltes et que mon revenu soit perdu, il faut que j'emprunte 3,000 fr., ou, ce qui est mieux, que j'aliène une portion de mon avoir pour combler ce déficit. Qu'un pareil sinistre vienne, dans le cours de ma vie, m'assaillir cinq ou six fois, voilà ma fortune gravement compromise. Si je ne suis pas capitaliste, comment, avec la plus stricte économie, pouvoir payer 6 pour 100 au moins et ne récolter que 3 ?

Si le système que nous avons indiqué était admis, le possesseur du numéraire qui voudrait réaliser un intérêt plus élevé convertirait ses capitaux en marchandises de première nécessité, et les produits agricoles seraient activement recherchés et jouiraient des mêmes priviléges que l'argent. D'ailleurs, il y a longtemps, ainsi que nous l'avons remarqué plus haut, que le taux de l'argent est à 3 pour 100 en Angleterre, en Hollande et dans les villes Anséatiques (et ce sont les pays où le commerce est le plus florissant). Avec des produits manufacturés, ces peuples peuvent livrer des marchandises à 3 pour 100 meilleur marché que les Français, dont le taux de l'argent est de 8 pour 100 par an! Dans un temps donné, la propriété doit être dévorée par le capital; la dette de la France, qui s'élève à 12 milliards, * confirme mon asser-

* La propriété foncière est grevée d'une dette de	12,000,000,000 fr.
Soit 600,000,000 millions d'intérêt et nous ne tenons pas compte de l'usure, cette lèpre qui dévore les campagnes. . .	600,000,000
Les contributions foncières s'élèvent, par an, à plus de. .	300,000,000
Les impôts indirects qui frappent la propriété : greffe, timbre, hypothèque.	107,000,000
Les honoraires payés par la propriété aux gens de loi, à plus de.	100,000,000
	1,107,000,000

tion. Il est donc reconnu que la prospérité de l'agriculture, de l'industrie et du commerce, est en raison inverse du taux de l'intérêt de l'argent; ces trois principales sources de la fortune publique profitent des avantages que l'usure ne retire pas.

Le taux de l'argent étant réduit à 3 pour 100, l'agriculture prospère, l'industrie prend un nouvel essor, et le commerce augmente sa prospérité. L'armateur, le fabricant et les industries secondaires ne sont plus dévorés par un intérêt usuraire, le capitaliste lui-même trouve une nouvelle garantie d'exactitude dans ses débiteurs, et l'argent, réparti dans une plus grande quantité de mains, opèrerait le bien-être général.

CHAPITRE TROISIÈME.

Théorie sur l'intérêt de l'argent.

> Une loi qui ordonne une réforme nécessaire ne sera jamais approuvée par celui dont cette réforme dérange le bien-être. DIDEROT.

Ici se place tout naturellement la théorie sur l'intérêt de l'argent, que nous allons tâcher d'esquisser, en nous servant des lumières des économistes les plus célèbres dont nous avons essayé de grouper les opinions dans un seul cadre.

L'intérêt est une somme fixée par la loi que l'emprunteur s'engage de payer au prêteur; je dis une somme fixée par la loi, c'est ce qui distingue l'intérêt de l'usure.

L'argent n'est pas seulement une représentation des denrées : il est et doit être marchandise, et il a sa valeur réelle. Ce qui constitue son prix, c'est la proportion de sa masse avec la quantité des denrées dont il est la représentation, avec les besoins de l'État et l'argent des pays voisins.

Lorsqu'il y a beaucoup d'argent, il doit avoir moins de prix, être moins cher, et par conséquent aliéné à un prix plus

---

C'est plus de 1,100,000,000 à défalquer de ce revenu dont le total est de 1,600.

Le titulaire de la propriété foncière, dont le travail et ce qu'il produit fournissent la subsistance à tout le pays, obtient donc, après bien des efforts, pour toute rémunération de son travail, moins du tiers du produit.

(M. D'AUDIFFRET. — Libération de la propriété.)

modique. Si un État n'a ni voisin à craindre, ni denrées à prendre de l'étranger, il lui serait égal d'avoir peu ou beaucoup d'argent; mais les besoins des particuliers et de l'État demandent que l'on cherche à entretenir chez soi une masse d'argent proportionnée à ces besoins et à celle des autres nations.

L'argent coule de trois sources dans les pays qui n'ont pas de mines : l'agriculture, l'industrie et le commerce.

L'agriculture est la première de ces sources ; elle nourrit l'industrie; toutes deux produisent le commerce, qui s'unit avec elles pour apporter et faire circuler l'argent.

Mais l'argent peut être destructeur de l'agriculture, de l'industrie et du commerce, quand son produit n'est pas proportionné avec les produits des fonds de terre, les profits du commerce et de l'industrie.

Si, par exemple, la rente de l'argent est de 5 pour 100, et que le produit des terres ne soit que de 2, les particuliers trouvent de l'avantage à préférer les fonds d'argent aux fonds de terre, et l'agriculture est négligée. Si le chef de manufacture ne tire par son travail, le négociant par son commerce, que 5 pour 100 de leurs fonds, ils aimeront mieux, sans travail et sans risques, recevoir à 5 pour 100 d'un débiteur.

Pour faire valoir les terres et les manufactures, pour faire des entreprises de commerce, il faut faire des emprunts ; si l'argent est à trop haut prix, il y a trop peu de profit à espérer pour l'agriculteur, le commerçant, le chef de manufacture.

S'ils ont emprunté à 5 pour 100, ils seront obligés, pour se dédommager, de vendre plus cher que ceux des pays où on emprunte à 3 pour 100 ; de là, moins de moyens de soutenir la concurrence.

L'argent par lui-même ne produit rien ; c'est le produit du commerce, de l'industrie, des terres qui paie l'argent qu'on emprunte. Ainsi, les rentes de l'argent sont une charge établie sur les terres, le commerce et l'industrie.

Une des premières opérations du grand Sully fut de réduire au denier seize l'intérêt de l'argent qui était au denier douze. « Nous avons, dit Henri-le-Grand dans son édit, reconnu au » doigt et à l'œil que les rentes constituées à prix d'argent au » denier douze ont été cause de la ruine de plusieurs bonnes » et anciennes familles, qui ont été accablées d'intérêt et souf-

» fert la vente de leurs biens, et ont empêché le trafic et le
» commerce de la marchandise qui, auparavant, avait plus
» de vogue dans notre royaume qu'en aucun autre de l'Europe,
» et fait négliger l'agriculture et les manufactures, aimant
» mieux, plusieurs de nos sujets, sous la facilité d'un gain à
» la fin trompeur, vivre de leurs rentes en oisiveté parmi les
» villes qu'employer leur industrie avec quelque peine aux arts
» ou à cultiver et à approprier leurs héritages. »

On sentit, dans les dernières années du règne d'Henri IV
et les premiers du règne de Louis XIII, le bien qu'avait fait
la réduction des rentes. Le cardinal de Richelieu obtint de son
maître un édit pour le réduire au denier dix-huit.

« A présent que ce royaume est si florissant et si abondant,
» dit Louis XIII, la réduction, ci-devant faite, ne produit plus
» l'effet pour lequel elle avait été ordonnée, d'autant que les
» particuliers trouvent de profit et de facilité au revenu des-
» dites constitutions, qu'ils négligent celui du commerce et de
» l'agriculture, dont le rétablissement, toutefois, est si néces-
» saire pour la puissance et subsistance de cette monarchie. »

Il entra bientôt dans le plan du grand Colbert de faire baisser
l'intérêt de l'argent dont la masse était augmentée ; il le rédui-
sit au denier vingt, où il est encore. Louis XIV donne, dans
son édit, les mêmes motifs de réduction qu'avaient donnés
Henri IV et Louis XIII. Il y a de plus ces mots remarquables :
« La valeur de l'argent étant fort diminuée par la quantité qui
» en vient journellement des Indes, il faut, pour mettre quel-
» que proportion entre l'argent et les choses qui tombent dans
» le commerce, etc. »

On voit que les principes établis au commencement de cet
article ont été ceux de ces grands administrateurs dont la
France bénit encore la mémoire. On sait combien l'agriculture
fleurit sous le ministère Sully et à quel point étaient parvenues
nos manufactures sous celui de Colbert. Le commerce prit
sous lui un nouvel éclat, et l'agriculture aurait eu le même sort
si la guerre n'avait pas obligé le ministère d'établir les impôts
et leur espèce.

Est-il permis d'examiner, d'après ces principes et ces faits,
si le moment d'une réduction nouvelle n'est pas arrivé ?

Il est connu qu'il y a en France à peu près le tiers d'argent de plus que sous le ministère de Colbert. (L'époque dont il est ici question est 1764.)

Les Anglais, les Hollandais, les Hambourgeois ont baissé chez eux l'intérêt de l'argent, et, chez ces nations commerçantes, il est généralement à 3 pour 100, et quelquefois au-dessous.

Jamais il n'y eut en France plus d'hommes vivant de rentes en argent, et de là bornés à recevoir, à jouir, et inutiles à la société. Il faut faire baisser le prix de l'argent pour avoir un plus grand nombre de commerçants qui se contentent d'un moindre profit, pour que nos marchandises se vendent à un moindre prix à l'étranger, enfin pour soutenir la concurrence du commerce avec les nations dont je viens de parler.

Il faut faire baisser le prix de l'argent pour délivrer l'agriculture, l'industrie, le commerce de ce fardeau énorme de rentes qui se prennent sur leur produit.

Il faut faire baisser le prix de l'argent pour soulager le Gouvernement, qui fera dans la suite les entreprises à meilleur compte et paiera une moindre somme pour les rentes dont il est chargé.

Avant la dernière guerre, * l'argent de particulier à particulier commençait à se prendre à 4 pour 100, et il serait tombé à un prix plus bas sans les causes que je vais dire.

Première raison qui maintient l'intérêt de l'argent à 5 pour 100 :

Il y a en France une grande quantité de charges vénales :
Les avocats à la cour de cassation ;
Les notaires ;
Les avoués ;
Les huissiers ;
Les greffiers des tribunaux ;
Les agents de change ;
Les courtiers de commerce ;
Les courtiers maritimes ;
Les commissaires priseurs, etc. **
Dans les pays où cette vénalité n'est pas introduite, l'ar-

---

* La guerre de l'indépendance de l'Amérique.
** Avant la révolution de 1889, on comptait 60,000 charges vénales.

gent s'emploie à l'amélioration des terres, aux entreprises du commerce. Parmi nous il est mort pour l'un et pour l'autre ; il forme une masse qui n'entre point dans la circulation de détail et reste en réserve pour ce grand nombre de citoyens nécessités à faire de gros emprunts, parce qu'il faut acheter des charges.

Deuxième raison qui maintient l'intérêt de l'argent à 5 pour 100 :

Les entreprises pour l'équipement, l'entretien, les hôpitaux, les vivres des flottes et des armées, ont été faites avec un profit très-grand pour les entrepreneurs, mais surtout les profits de la finance sont énormes ; les particuliers ont trouvé à placer leur argent à un intérêt si haut, qu'en comparaison l'intérêt de 5 pour 100 a paru peu de chose. Plus il y a d'argent à placer à un intérêt excessif, et moins il y en a à prêter à l'intérêt ordinaire.

Troisième raison qui maintient l'intérêt de l'argent à 5 pour 100 :

Les profits de la finance ont accumulé l'argent dans les coffres d'un petit nombre de particuliers* ; bientôt eux seuls ont eu de l'argent à prêter, et ils l'ont vendu cher à l'État. Il en est de l'argent comme des autres marchandises, le défaut de concurrence en augmente le prix ; les compagnies qui vendent seules certaines étoffes, certaines denrées, les vendent nécessairement trop cher.

---

* DES RECEVEURS GÉNÉRAUX. — Le receveur général du département du Rhône reçoit par an 107,954 fr.

La recette de Lille, qui était occupée par M. Dosne, a rapporté au titulaire, en 1847, la somme énorme de 194,000 fr. non compris les bénéfices des opérations de banque, qui sont estimés à un chiffre égal.

La recette de Marseille, occupée par M. Firino, a rapporté en 1846 la somme de 215,000 fr., en 1847 celle de 218,000 fr., non compris les bénéfices des opérations de banque, qui doublent ordinairement l'importance du produit. Ainsi, la recette de Marseille a rapporté pour 1848 la somme énorme de 433,000 fr.

Les émoluments des quatre-vingt-cinq receveurs généraux de la France atteignent la somme fabuleuse de 5,178,000 fr.

Pour faire apprécier mieux encore l'intelligence et l'économie qui président généralement à l'emploi des ressources de l'État, il convient d'ajouter aux détails qui précèdent que les receveurs généraux occupent des fonctions publiques qui leur permettant de faire annuellement un bénéfice de plus de 100,000 fr. en moyenne, soit en remises fixes ou éventuelles sur les contributions, soit en opérations de banque, reçoivent chacun de l'État un traitement fixe de 7,000 fr.

(*Extrait du journal* la Semaine *du 29 juillet* 1849.)

Quatrième raison qui maintient l'intérêt de l'argent à 5 pour 100 :

Les fortunes énormes ont amené le luxe dans ceux qui les possèdent ; l'imitation l'a répandu dans les classes moins opulentes qui, pour le soutenir, sont forcées à contracter des emprunts.

Cinquième raison qui maintient l'intérêt de l'argent à 5 pour 100 :

L'État est chargé de dettes dont il paie souvent une rente usuraire.

De quelque nécessité qu'il soit en France de faire baisser le prix de l'intérêt de l'argent, si l'autorité faisait tout à coup cette réduction et sans avoir fait cesser une partie des causes qui ont fixé l'intérêt à 5 pour 100, il y aurait peut-être deux inconvénients à craindre, la diminution du crédit, l'inexécution de la loi.

Cette loi, dans un État chargé de dettes comme l'est aujourd'hui la France, paraîtrait peut-être dans ce moment une ressource d'un Gouvernement épuisé et hors d'état de satisfaire à ses charges.

Cette loi pourrait n'être pas exécutée. Dans la nécessité où se trouve le militaire et une partie de la nation de faire des emprunts, l'argent ne se prêterait plus par contrat, et les billets frauduleux qui n'assureraient pas les fonds autant que le contrat, seraient un prétexte de rendre la rente usuraire.

On peut dans la suite éviter ces inconvénients :

1° En supprimant et remboursant une multitude prodigieuse de charges inutiles et onéreuses à l'État ;

2° En remboursant, sans les supprimer, les charges utiles ;

3° En diminuant prodigieusement les profits de la finance et en faisant circuler l'argent dans un plus grand nombre de mains.

Alors le luxe de tous les États tombera de lui-même.

Alors les emprunts seront plus rares, moins considérables et plus faciles ; alors on pourra, sans inconvénient, mettre l'intérêt de l'argent au même degré qu'il est chez nos voisins.

Peut-être dès ce moment, sans altérer le crédit, sans jeter les citoyens dans la nécessité d'enfreindre ou d'éluder la loi, pourrait-on mettre l'argent à 4 pour 100.

On pourrait faire précéder cette opération par quelque opé-

ration qui assurerait le crédit, comme serait une légère diminution des contributions, ou la suppression d'un de ces impôts qui sont plus onéreux au peuple que fertiles en argent.

D'ailleurs, la loi étant générale pour les particuliers comme
pour le prince, elle pourrait être faite non à cause de l'épuisement du Gouvernement, mais pour le bien du commerce et de
l'agriculture, et par là elle assurerait le crédit, loin de le ra-
baisser.

Il est certain et démontré que les avantages de cette opération seraient infinis pour la nation dont ils ranimeraient l'a-
griculture, le commerce et l'industrie ; il est certain qu'ils sou-
lageraient beaucoup le Gouvernement, qui paierait en rentes
une moindre somme, et cette réduction de l'intérêt de l'argent
lui donnerait le droit de diminuer peu à peu les gages d'une
multitude de charges inutiles et de charges nécessaires, mais
dont les gages sont trop forts. Cette seconde opération em-
pêcherait que ces charges ne fussent autant recherchées qu'elles
le sont, et, par là, ferait encore un bien à la nation.

Au reste, une loi générale qui autoriserait parmi nous l'intérêt courant, serait le vrai moyen de diriger tant de gens
peu instruits qui ne distinguent le juste et l'injuste que par
les yeux du préjugé. Cette loi les guérirait de ces mauvais
scrupules qui troublent les consciences et qui empêchent d'u-
tiles communications entre les citoyens. J'ajoute que ce serait
le meilleur moyen d'arrêter les usures excessives à présent
inévitables. En effet, comme il n'y aurait plus de risque à prêter au taux légal, tant sur gages que sur hypothèques, l'argent
circulerait infiniment davantage. Que de bras, maintenant inutiles, et qui seraient pour lors employés avec fruit ! Que de
gens aujourd'hui dans la détresse et à qui plus de circulation
procurerait des ressources ! En un mot, on trouverait de l'argent pour un prix modique en mille circonstances où l'on n'en
trouve qu'à des conditions onéreuses.

On nous épargnerait les frais qui se font en actes de notaires, contrôles, assignations et autres procédures usitées pour
obtenir des intérêts, et dès-lors nos communications, moin
gênées, deviendraient plus vives et plus fructueuses, parce
qu'il s'ensuivrait plus de travaux utiles. Aussi nos voisins ad-
mettent-ils l'usure sans difficulté quand elle se borne au taux

de la loi. La circulation des espèces rendue par là plus facile, tient l'intérêt chez eux beaucoup au-dessous du nôtre, circonstance que l'on regarde, à bon droit, comme l'une des vraies causes de la supériorité qu'ils ont dans le commerce ; c'est aussi l'une des sources de ces prodigieuses richesses dont le récit nous étonne et que nous croyons à peine quand nous les voyons de nos yeux.

Les sûretés réelles d'une nation sont la somme des intérêts qu'elle peut lever sur le peuple, sans nuire ni à l'agriculture, ni au commerce, car autrement l'abus de l'impôt le détruirait : le désordre serait prochain.

Si les impôts sont suffisants pour payer les intérêts des obligations, pour satisfaire aux dépenses courantes, soit intérieures, soit extérieures, pour amortir chaque année une partie considérable des dettes ; enfin, si la grandeur des tributs laisse encore entrevoir des ressources en cas qu'un nouveau besoin prévienne la libération totale, on peut dire que la sûreté réelle existe.

Pour en déterminer le degré précis, il faudrait connaître la nature des besoins qui peuvent survenir, leur éloignement ou leur proximité, leur durée probable ensuite, les comparer dans toutes leurs circonstances avec les ressources probables que promettraient la liquidation commencée, le crédit général et l'aisance de la nation.

Si la sûreté n'est pas claire aux yeux de tous, le crédit de l'État pourra se soutenir par habileté jusqu'au moment d'un grand besoin, mais alors ce besoin ne sera point satisfait ou ne le sera que par des ressources très-ruineuses. La confiance cessera à l'égard des anciens engagements ; elle cessera entre les particuliers d'après les principes établis ci-dessus. Le fruit de ce désordre sera une grande inaction dans la circulation des denrées. Développons-en les effets.

Le capital en terre diminuera, avec son produit, les malheurs communs, ne réunissant que ceux dont les espérances sont communes. Ainsi, il est à présumer que les capitaux en argent et meubles précieux, seront mis en dépôt dans d'autres pays ou cachés soigneusement ; l'industrie effrayée et sans emploi ira porter son capital dans d'autres asiles. Que deviendront alors tous les systèmes fondés sur l'immensité d'un capital national ?

Les sûretés personnelles dans ceux qui gouvernent peuvent se réduire à l'exactitude, car le degré d'utilité que l'État retire de son crédit, l'habileté, la prudence et l'économie des ministres, conduisant toutes à l'exactitude, dans les petits objets comme dans les plus grands ; ce dernier point agit si puissamment sur l'opinion des hommes, qu'il peut, dans de grandes occasions, suppléer aux sûretés réelles, et que sans lui les sûretés réelles ne font pas leur effet. Telle est son importance, que l'on a vu quelquefois des opérations contraires en elles-mêmes aux principes du crédit, suspendre sa chute totale lorsqu'elles étaient entreprises dans des vues d'exactitude. Je n'entends pas, cependant, faire l'éloge de ces sortes d'opérations toujours dangereuses, si elles ne sont décisives, et qui, réservées à des temps de calamité, ne cessent d'être des fautes que dans le cas d'une impossibilité absolue de se les épargner ; c'est proprement abattre une partie d'un grand édifice pour soustraire l'autre aux ravages des flammes. Mais il faut une grande supériorité de vues pour se déterminer à de pareils sacrifices et savoir maîtriser l'opinion des hommes ; ces circonstances forcées sont une suite nécessaire de l'abus du crédit public.

CHAPITRE QUATRIÈME.

Du Crédit et des Dettes publiques.[*]

Après avoir expliqué les motifs de la confiance publique envers l'État et indiqué ses bornes naturelles, il est important de connaître l'effet des dettes publiques en elles-mêmes.

Indépendamment de la différence que nous avons remarquée dans la manière d'évaluer les sûretés réelles d'un État et des particuliers, il est encore entre ces crédits d'autres grandes différences.

Lorsque les particuliers contractent une dette, ils ont deux avantages : l'un, de pouvoir borner leur dépense personnelle

---

[*] Comme lorsque l'État emprunte ce sont les particuliers qui fixent le taux de l'intérêt, lorsque l'État veut payer c'est à lui à le faire.
MONTESQUIEU. — *Esprit des Lois.*

jusqu'à ce qu'ils se soient acquittés ; le second, de pouvoir tirer de l'emprunt une utilité plus grande que l'intérêt qu'ils sont obligés de payer.

Un État augmente sa dépense annuelle en contractant des dettes, sans être le maître de diminuer les dépenses nécessaires à son maintien, parce qu'il est toujours dans une position forcée relativement à sa sûreté extérieure. Il n'emprunte jamais que pour dépenser ; aussi l'utilité qu'il retire de ses engagements, ne peut accroître les sûretés qu'il offre à ses créanciers ; au moins ces occasions sont très-rares et ne peuvent être comprises dans ce qu'on appelle dettes publiques. On ne doit pas confondre non plus avec elles ces emprunts momentanés qui sont faits dans le dessein de prolonger le terme des recouvrements et de les faciliter ; ces sortes d'économies rentrent dans la classe des sûretés personnelles ; elles augmentent les motifs de la confiance publique. Mais observons, en passant, que jamais ces opérations ne sont si promptes, si peu coûteuses et n'ont besoin de crédits intermédiaires que lorsqu'on voit les revenus se libérer.

Dans ce cas, un corps politique ne pouvant faire qu'un usage onéreux de son crédit, tandis que celui des particuliers leur est utile, en général il est facile d'établir entre eux une nouvelle différence.

Elle consiste en ce que l'usage que l'État fait de son crédit peut nuire à celui des sujets, au lieu que jamais le crédit multiplié des sujets ne peut qu'être utile à celui de l'État.

L'usage que l'État fait de son crédit peut porter préjudice aux sujets de plusieurs manières :

1o Par la pesanteur des charges qu'il accumule ou qu'il perpétue ; d'où il est évident de conclure que toute aliénation du revenu public est plus onéreuse au peuple qu'une augmentation d'impôts qui serait passagère.

2o Il s'établit, à la faveur des emprunts publics, des moyens de subsister sans travail et réellement aux dépens des autres citoyens; dès lors, la culture des terres est négligée, les fonds sortent du commerce. Il tombe à la fin, et avec lui s'évanouissent les manufactures, la navigation, l'agriculture, la facilité du recouvrement des revenus publics, et imperceptiblement les revenus publics mêmes. Si cependant par des circonstance ocales ou par un certain nombre de facilités singuliè-res on suspend le déclin du commerce, le désordre sera lent, mais il se fera sentir par degrés.

3° De ce qu'il y a moins de commerce et de plus grands be-soins dans l'État, il s'ensuit que le nombre des emprunteurs est plus grand que celui des prêteurs ; dès-lors l'intérêt de l'argent se tient plus haut que son abondance ne comporte, et cet inconvénient devient un nouvel obstacle à l'accroissement du commerce et de l'agriculture.

4° Le gros intérêt de l'argent invite les étrangers à faire passer le leur pour devenir créanciers de l'État. Les rivaux d'un peuple n'ont pas de moyen plus certain de ruiner son commerce en s'enrichissant, que de prendre intérêt dans ses dettes publiques.

5° Les dettes publiques emportent avec elles des moyens ou impôts extraordinaires qui procurent des fortunes immenses, rapides et à l'abri de tous risques ; les autres manières de ga-gner sont lentes au contraire et incertaines. Ainsi, l'argent et les hommes abandonneront les autres professions. La circu-lation des denrées à l'usage du plus grand nombre est inter-rompue par cette disproportion et n'est point remplacée par l'accroissement du luxe de quelques citoyens.

6° Si ces dettes publiques deviennent monnaie, c'est un abus volontaire ajouté à un abus de nécessité. L'effet de ces représentations multipliées de l'espèce sera le même que celui d'un accroissement dans sa masse; les denrées seront représentées par une plus grande quantité de métaux, ce qui en diminuera la vente au dehors dans des accès de confiance, et avant que le secret de ces représentations fût connu, on en a vu l'usage animer tellement le crédit général, que les réductions d'intérêt s'opéraient naturellement; ces réductions réparaient en partie l'inconvénient du surhaussement des prix relativement aux autres peuples qui payaient les intérêts plus cher.

On ne saurait trop le répéter, la grande masse des métaux est en elle-même indifférente dans un État, considéré sépa-rément des autres États; c'est la circulation, soit intérieure, soit extérieure des denrées qui fait le bonheur du peuple, et cette circulation a besoin pour sa commodité d'une répartition proportionnelle de la masse de l'argent dans toutes les provinces qui fournissent des denrées.*

Si le prix des denrées hausse, il est également vrai de dire que, par l'excès de la multiplication des signes sur la multiplication des denrées et l'activité de la nouvelle circulation, il se rencontre alors moins d'emprunteurs que de prêteurs, l'argent perd de son prix. Cette baisse, par conséquent, sera en raison composée du nombre des prêteurs et des emprunteurs.

L'aisance du peuple dépend de l'activité de la circulation des denrées ; cette circulation est active en raison de la répartition proportionnelle de la masse quelconque des métaux ou des signes, et non en raison de la répartition proportionnelle d'une grande masse de métaux ou de signes. La diminution des intérêts est toujours en raison composée du nombre des prêteurs et des emprunteurs.

La diminution du taux de l'intérêt de l'argent a toujours été suivie de la prospérité des nations chez lesquelles ces sages mesures ont été adoptées ; l'agriculture, l'industrie et le commerce en ont toujours ressenti les effets salutaires.

L'Angleterre, en 1689, a commencé cette sage réforme. La prospérité de son agriculture, de son commerce et du développement de son industrie datent de cette époque.

La France a timidement suivi cet exemple, mais de bien loin. Le taux de l'intérêt était fixé anciennement au denier douze jusqu'en 1602, puis au denier seize jusqu'en 1634, ensuite au denier dix-huit jusqu'en 1655 que l'on a établi le denier vingt.

L'édit du mois de mars 1730 avait fixé les rentes au denier cinquante, mais il ne fut enregistré qu'au Châtelet ; l'édit du mois de juin 1724 fixe le taux des rentes au denier trente.

Cette dernière mesure ne put se maintenir ; un an après, au

---

* « La distribution des denrées, de l'argent et des marchandises par de juste
» proportions, selon les temps et les lieux, est le vrai secret des finances et la
» source de leurs richesses, pourvu que ceux qui les administrent sachent por er
» leurs vues assez loin, et faire dans l'occasion une perte apparente et prochaine,
» pour avoir réellement des profits immenses dans un temps éloigné.
                                                              » J.-J. ROUSSEAU. »
C'est ce qui doit arriver indispensablement après la diminution de l'impôt sur
le sel et la diminution de la taxe des ports de lettre.

mois de juin 1725, un édit a fixé les rentes et intérêts au denier vingt. *

On peut stipuler des intérêts moindres que le taux de l'ordonnance, mais il n'est pas permis d'en stipuler qui l'excèdent.

Pour que le commerce puisse se bien faire, il faut que l'argent ait un prix, mais que ce prix soit peu considérable; s'il est trop haut, le négociant qui voit qu'il lui en coûterait plus en intérêt qu'il ne pourrait gagner dans son commerce, n'entreprend rien non plus. Je me trompe quand je dis personne n'en prête; il faut toujours que les affaires de la société aillent; l'usure s'établit, mais avec des désordres que l'on a éprouvés dans tous les temps.

CHAPITRE CINQUIÈME.

Conclusion.

Salus populi suprema lex esto.
Que le salut du peuple soit la suprême loi.
JUSTINIEN. — Loi dorée.

Enfin il n'est que trop bien démontré par les faits, qui sont les seules conséquences qui puissent, quand il est question de gouvernement, appuyer un principe, que lorsqu'une sage économie ne préside pas au fisc, l'État est obéré, que les sujets sont foulés aux pieds, qu'on est contraint de renoncer aux opérations fermes, pour s'attacher à des expédients funestes, qu'on ne peut réformer aucun abus, qu'on est enfin l'esclave et la victime de ceux qui ont l'argent, on réussit aussi mal à se relever pendant la paix qu'à se défendre pendant la guerre.

Depuis la révolution de Février, on a parlé d'organiser le travail. Plusieurs savants économistes ont traité cette question, mais sans aucun succès; ils ne pouvaient réussir, parce

---

* Autant de fois que le nombre qui marque le denier est contenu dans le capital, autant de fois on tire UN d'intérêt; ainsi le denier étant 18, l'intérêt est de 1 fr. pour 18 fr. Le denier 20 sera de 1 fr. pour 20 fr., etc.

qu'ils n'ont point examiné la question sous son véritable point de vue, attendu qu'elle se trouve résumée dans la question sérieuse de *diminuer le taux de l'intérêt de l'argent et de l'équilibrer avec le revenu de la propriété foncière*. Est-ce que nos législateurs n'auraient pas le même attachement pour le peuple qu'ont eu Henri IV, Louis XIII, Louis XIV et Louis XV ?

Le taux de l'argent réduit à 3 pour 100, l'agriculture prospère, l'industrie se développe et le commerce prend un nouvel essor ; le capitaliste se met à l'abri des faillites, et, par ce nouvel élément de prospérité, le Gouvernement lui-même, plus libre dans ses mouvements, pourra trouver l'occasion favorable pour diminuer ses charges ; l'argent, répandu dans une plus grande quantité de mains, contribuera au bien-être général, et le problème sur l'organisation du travail trouvera sa solution.

Nous croyons au contraire que si cette mesure n'est pas adoptée, le Gouvernement ne parviendra que difficilement à étouffer le ferment révolutionnaire qui nous travaille. Le principe de l'égalité ayant été adopté, pourquoi le méconnaître ? Pourquoi le Gouvernement n'accorderait-il pas le même avantage aux propriétés immobilières que celui qu'il accorde aux propriétés mobilières ? Quoi! c'est à ceux qui réalisent le moins de revenu sur lesquels pèsent les plus lourdes charges de l'État, sur lesquels vous vous appesantissez le plus ? C'est la propriété qui paie *un million* d'impôts par jour pour que le capitaliste puisse en sécurité manipuler son argent ; c'est encore la propriété qui paie des intérêts énormes à ces mêmes capitalistes qui, quelquefois, ne paient pas même de cote personnelle ! Leur fortune est en portefeuille ; elle est inimposable. C'est à ceux qui possèdent l'argent qu'on n'en demande pas ! En fixant l'intérêt à 3 pour 100, on verrait disparaître ces inégalités choquantes. Les revenus de l'État sont une portion que chaque citoyen donne de son bien pour avoir la sûreté de l'autre. Le capitaliste sait éluder l'impôt qu'il doit en échange de la sécurité et de la protection que le Gouvernement lui accorde. *

---

* Ils ne contribuent en rien (les capitalistes) au maintien de la société ; ils profitent de tous ses avantages, et n'en supportent pas les charges. De tels citoyens ne peuvent être considérés que comme des ennemis.   BOULANGER.

L'égalité exige que la propriété ne soit pas plus surchargée que le possesseur du numéraire ; il faut qu'il n'y ait pas plus d'avantage à être propriétaire de biens-fonds qu'à être capitaliste ; il faut que tous concourent proportionnellement aux charges publiques. La prospérité de l'État exige cette grande mesure. Si vous voulez enchaîner les révolutions, nivelez les valeurs, forcez le numéraire à circuler dans toutes les mains, et qu'en affermant mon champ ou en faisant valoir mon argent, il n'y ait pas une différence tellement énorme que la prospérité des uns amène la ruine des autres.

Vous ferez des lois qui atténueront peut-être le mal, mais tant que vous n'extirperez pas le cancer qui dévore la société, tant que vous n'aurez pas tranché dans le vif, en diminuant le taux de l'intérêt, vous aurez à lutter contre la nation entière qui réclamera les droits que la Constitution lui donne ; l'égalité contre le privilége accordé aux gens de finances est la seule mesure efficace contre les émeutiers. C'est ainsi que vous assurerez à la nation un état prospère et tranquille, que vous éviterez de nouvelles commotions politiques. Les richesses des États ne se soutiennent pas par elles-mêmes ; elles ne se conservent et s'augmentent qu'autant qu'elles se renouvellent par leur emploi dirigé avec intelligence. Si le cultivateur est ruiné par le financier, les revenus du royaume sont anéantis, le commerce et l'industrie languissent, l'ouvrier manque de travail ; le souverain, le propriétaire, le clergé sont privés des revenus ; les dépenses et les gains sont abolis ; les richesses renfermées dans les coffres des financiers sont infructueuses, ou si elles sont placées à intérêt, elles surchargent l'État. Il faut donc que le Gouvernement soit très-attentif à conserver à toutes les professions productives les richesses qui leur sont nécessaires pour la production de l'accroissement des richesses de la République.

Je crois que nous ne pouvons pas mieux finir ce petit écrit qu'en citant un fragment extrait d'un Mémoire sur les finances, par le duc de Noailles, à sa sortie du ministère, en 1717.

« A la fin du règne de Louis XIV, le crédit public était en-
» tièrement perdu ; les emprunts se faisaient alors à raison de
» 20, 30 et 40 pour 100 de perte, et quelquefois davantage.
» Que si la confiance publique était rétablie, si on voyait renaî-

» tre à la suite la circulation et le commerce, peut-être se trou-
» verait-il assez de numéraire dans le royaume, et l'augmen-
» tation progressive des revenus de l'État produirait insensi-
» blement la libération des dettes. » Mais il ajoute « qu'il est
» impossible d'obtenir de la confiance, lorsqu'après les dépen-
» ses indispensables du Gouvernement, il ne reste pas un
» fonds en réserve pour servir de gage aux créanciers de l'État.
» S'il était possible d'établir ce gage, la confiance qui en naîtrait
» ferait remonter les fonds publics ; cette hausse serait, dans
» les mains du roi, un moyen de prospérité nationale qui s'ac-
» croîtrait lui-même ; la recette et la dépense reprendraient
» insensiblement le niveau ; on verrait luire de nouveau les
» beaux jours de la monarchie. »

Le duc de Noailles finit son Mémoire par observer que, « par
» les méthodes sages qu'on avait suivies depuis le commence-
» ment de la régence, quatre cent millions de dettes étaient
» déjà éteintes ; que cependant le royaume était bien loin de
» l'état de prospérité. Le capital des dettes est immense ! on
» ne pourrait, dans le plus pressant besoin, entreprendre
» d'augmenter aucune imposition avec espérance de réussite.
» Tous les ressorts du Gouvernement sont tendus, il ne serait
» donc pas convenable de demeurer tranquille et se reposer
» sur ce qu'on a fait en oubliant ce qui reste à faire ; qu'il est
» donc à propos d'examiner l'ordre qui doit être observé dans
» chaque partie de l'administration des finances, de l'augmen-
» tation de la recette, de la diminution de la dépense, du sou-
» lagement des peuples et de la libération des dettes de l'État.

www.ingramcontent.com/pod-product-compliance
Lightning Source LLC
Chambersburg PA
CBHW070802220326
41520CB00053B/4746